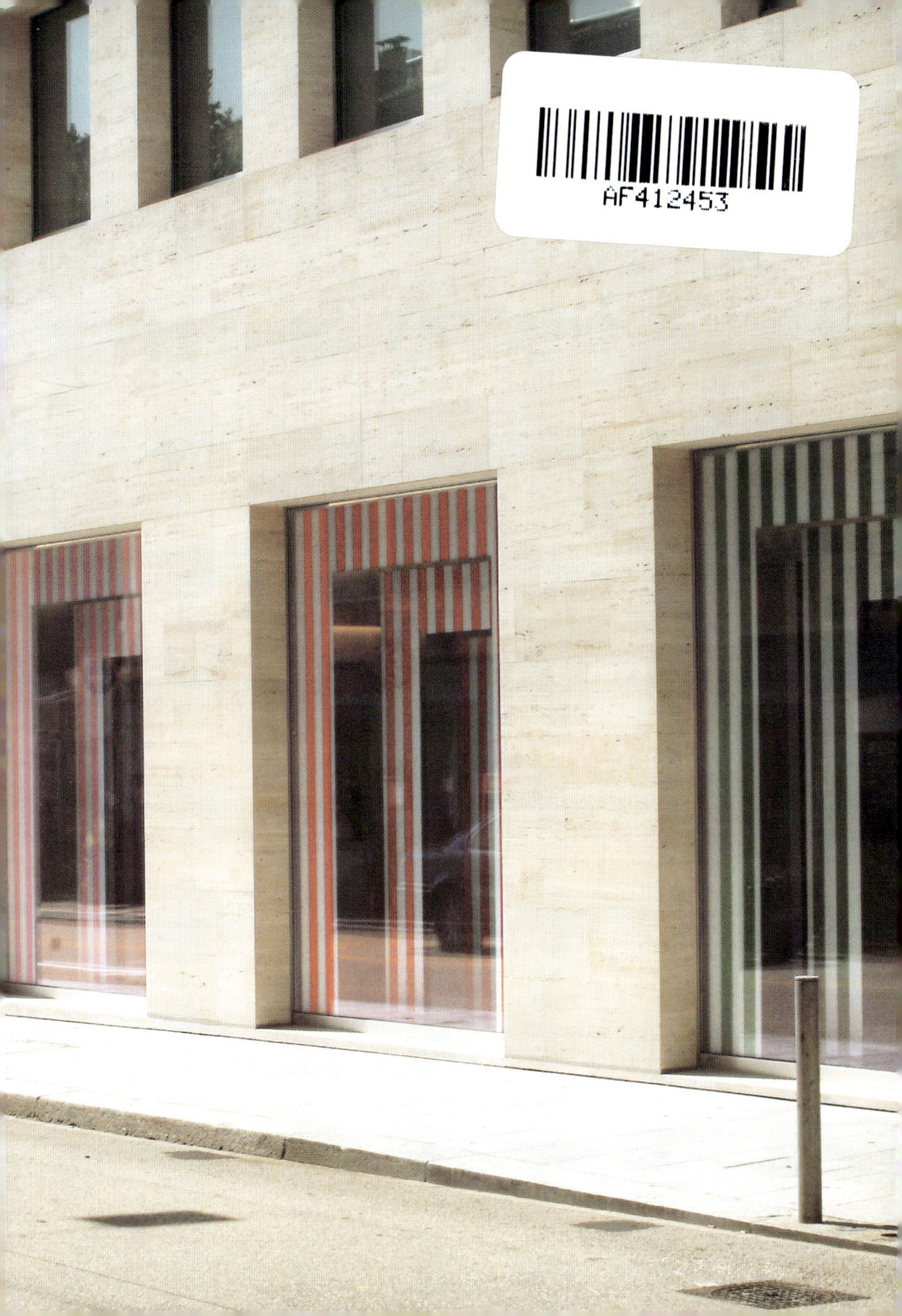

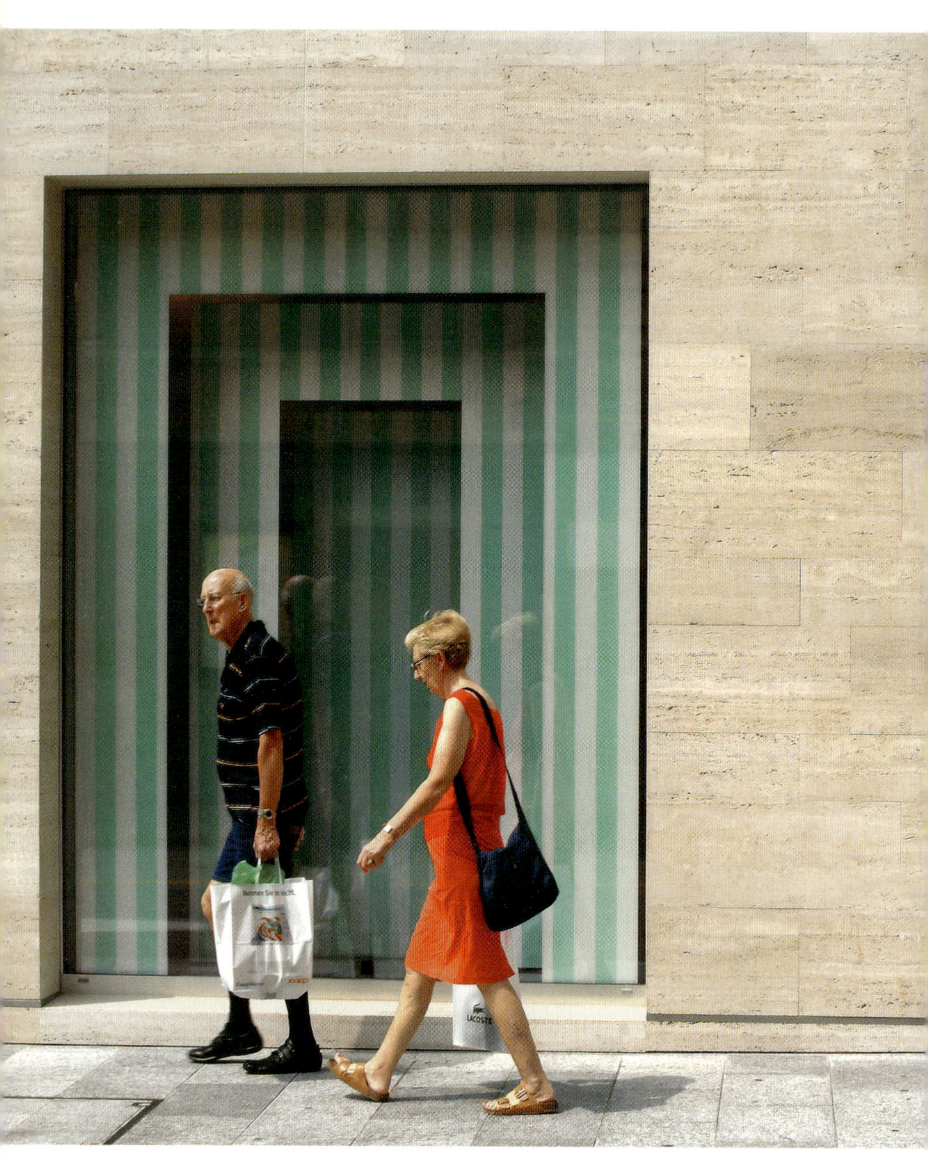

PHOTO-SOUVENIR Prospettive

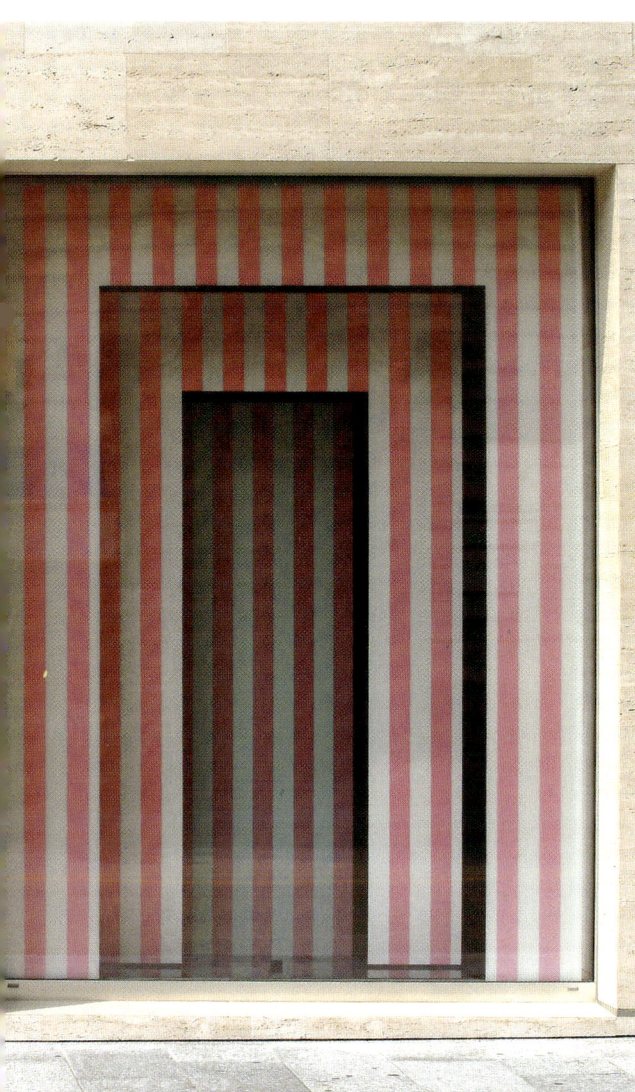

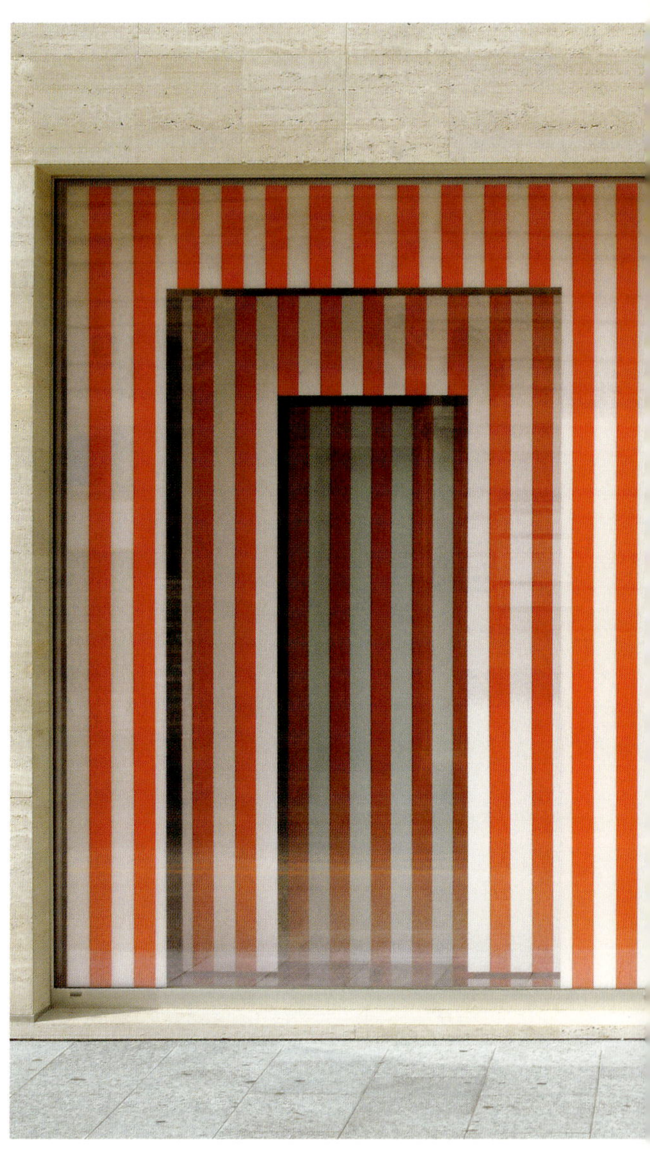

PHOTO-SOUVENIR Prospettive

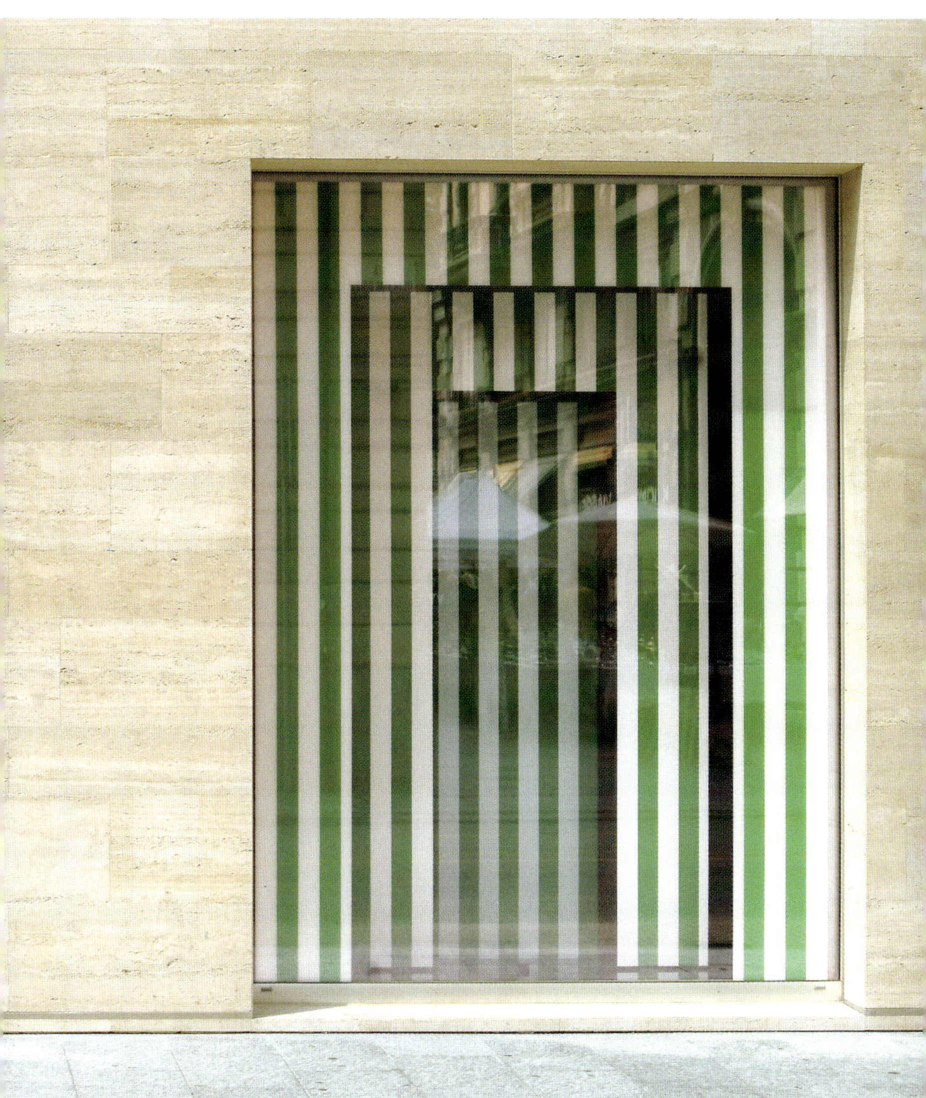

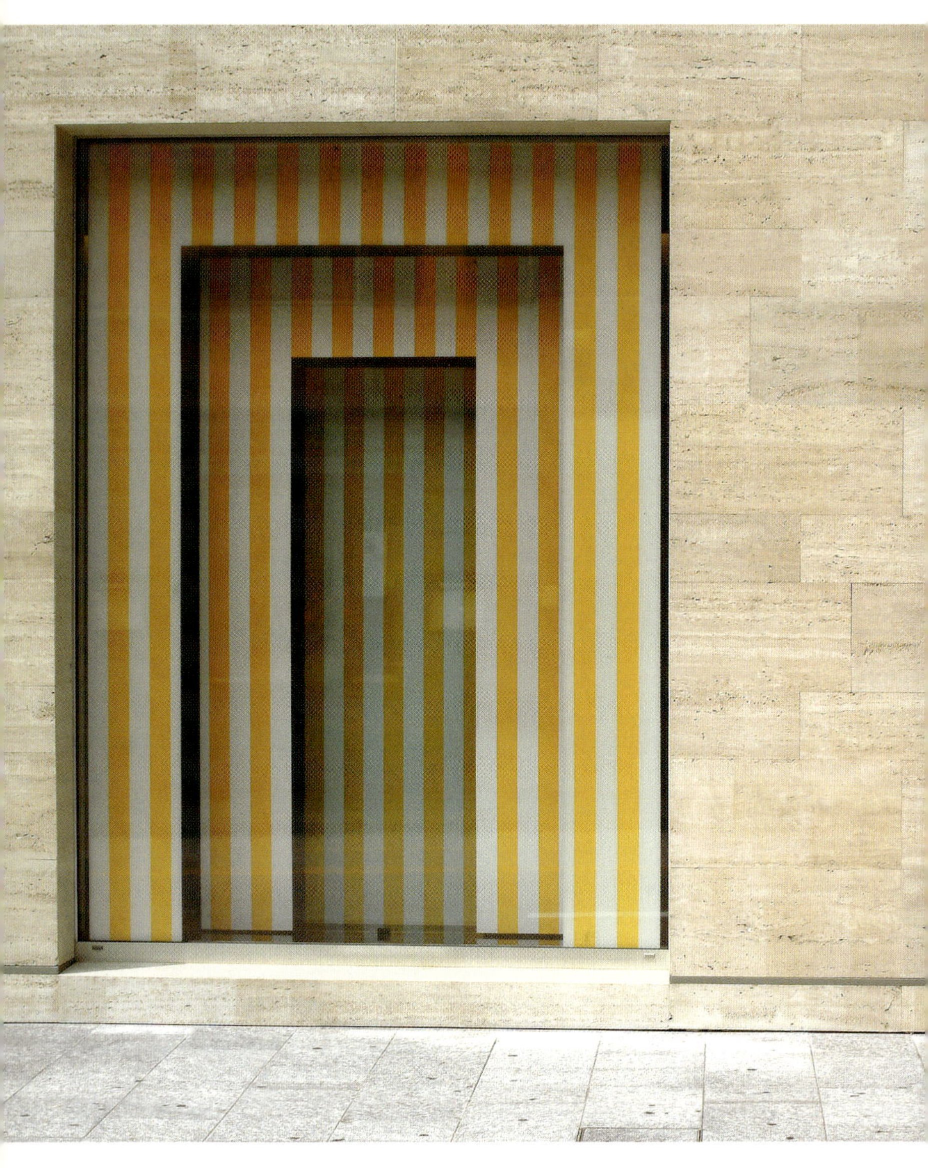

PHOTO-SOUVENIR Prospettive

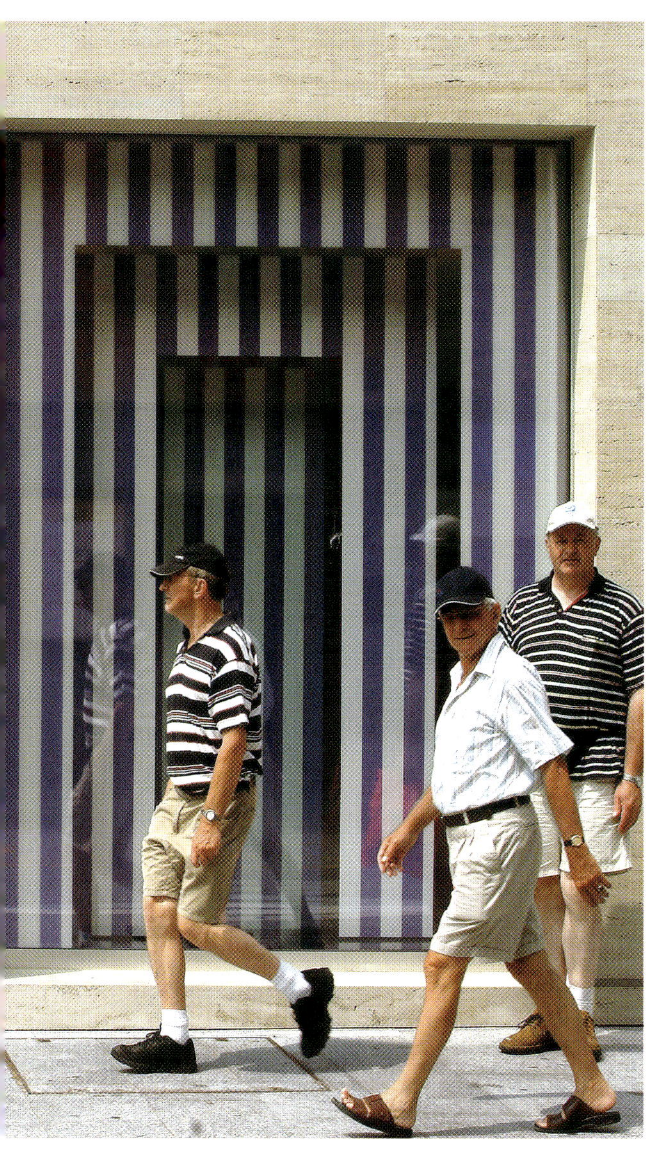

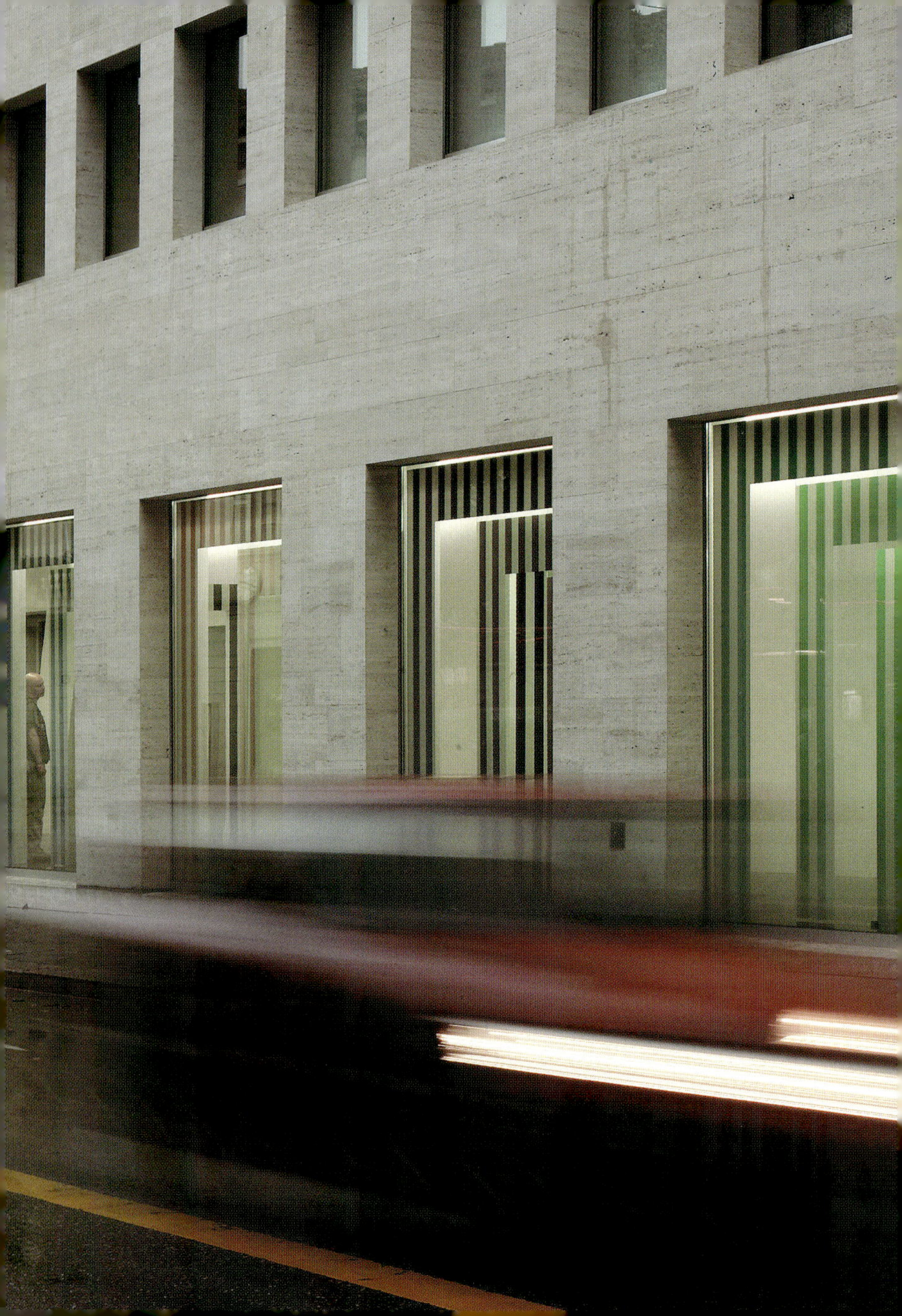

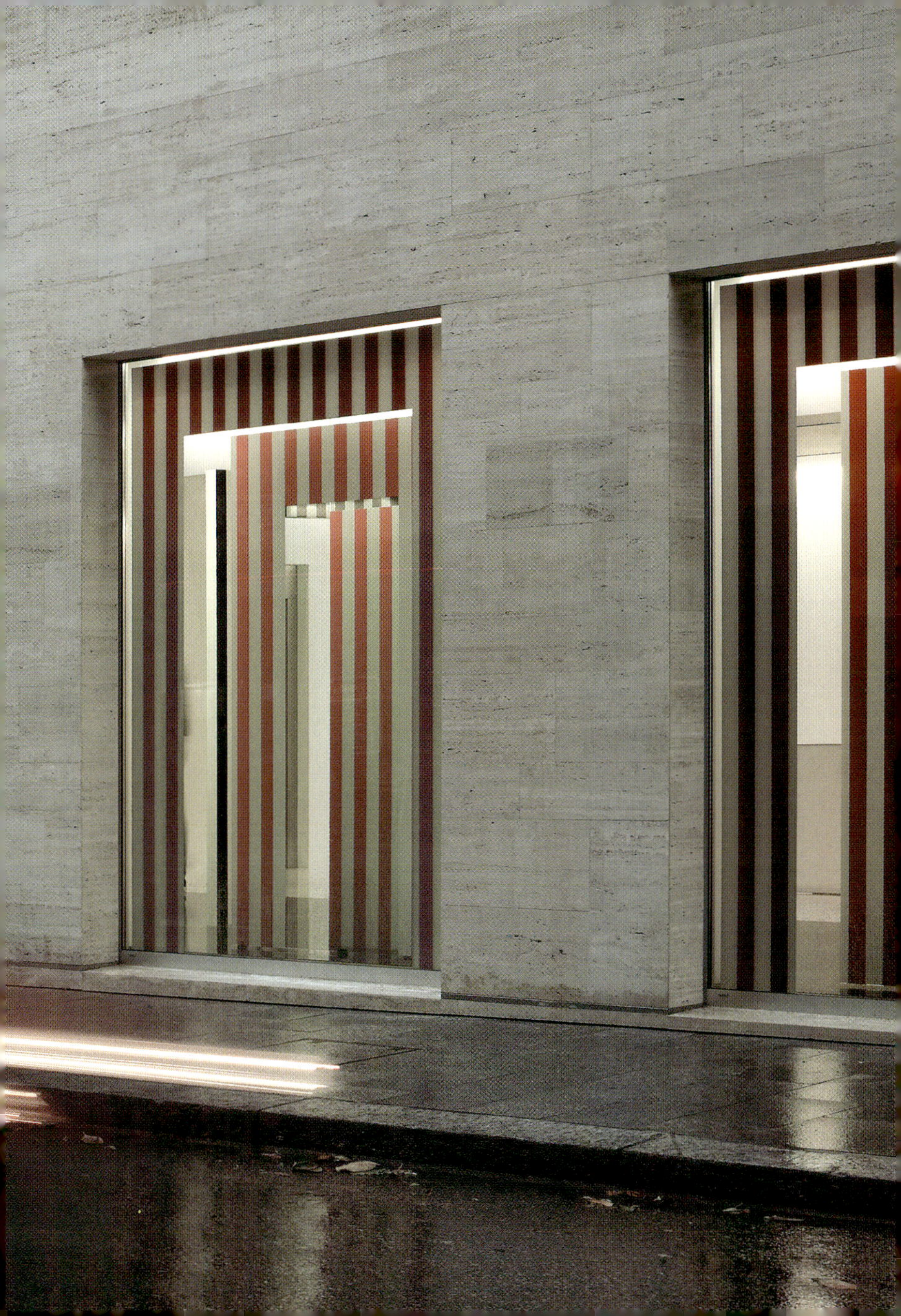

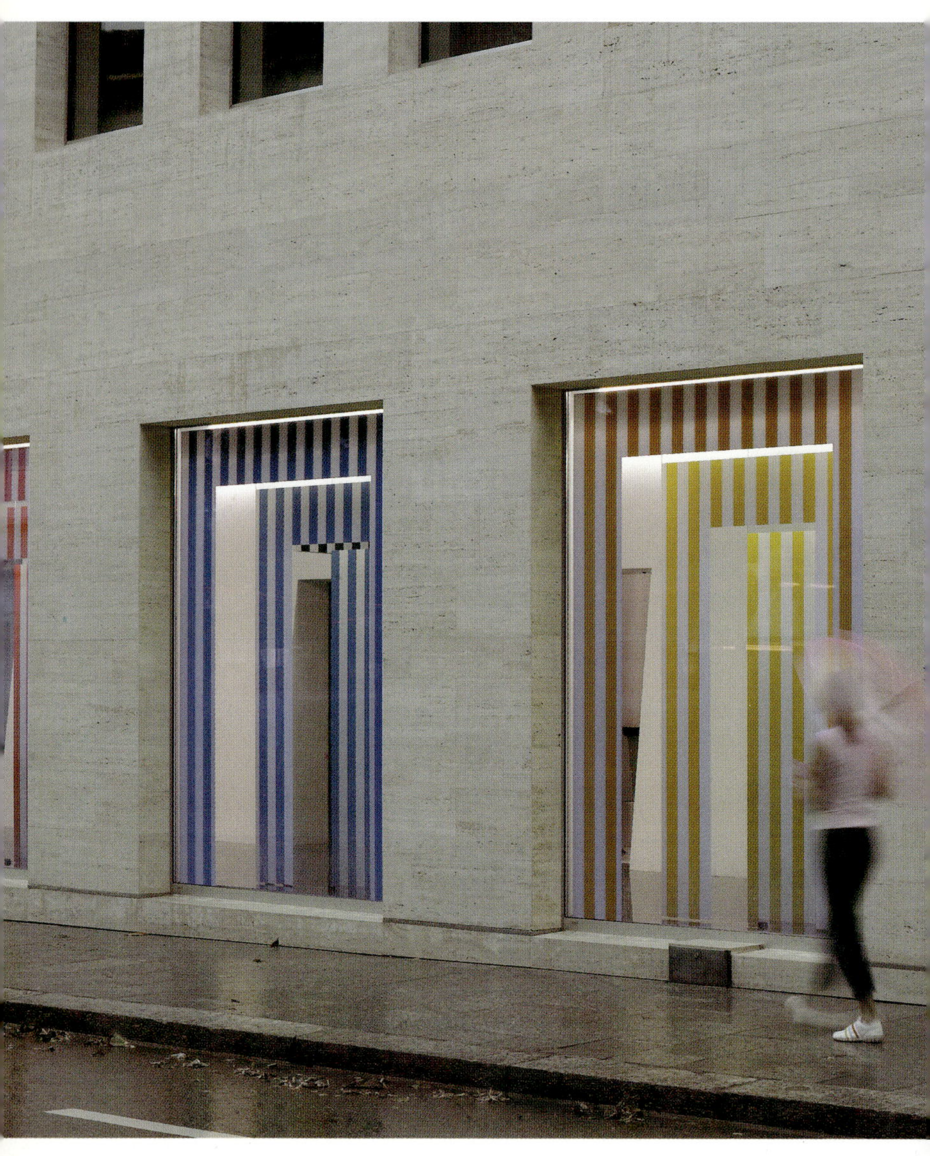

PHOTO-SOUVENIR Prospettive

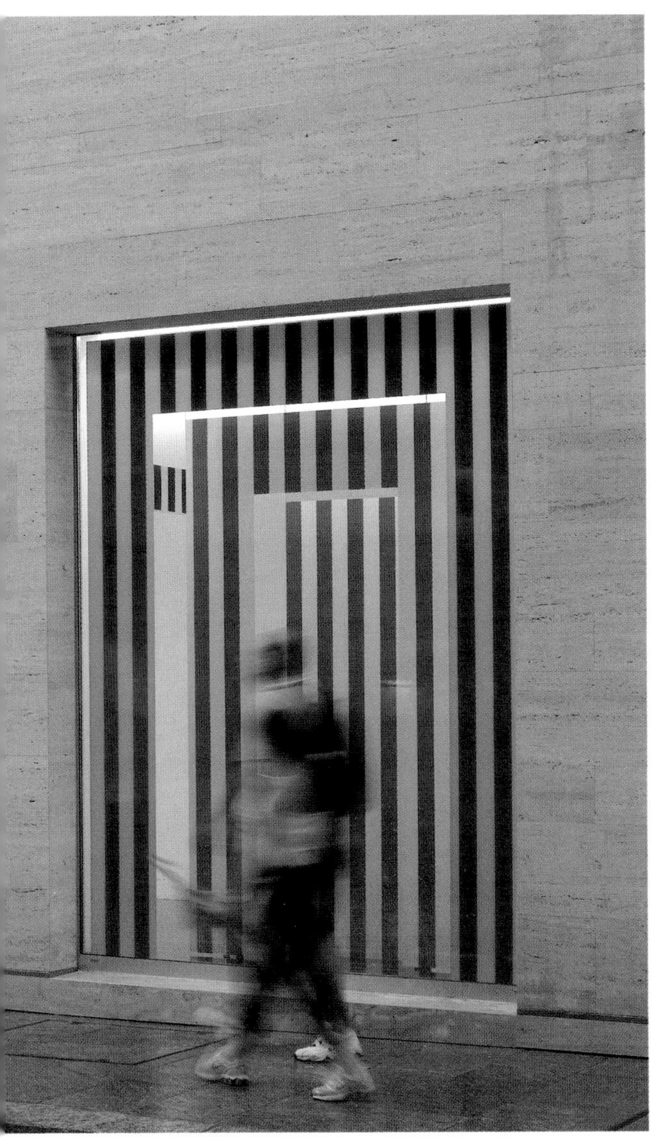

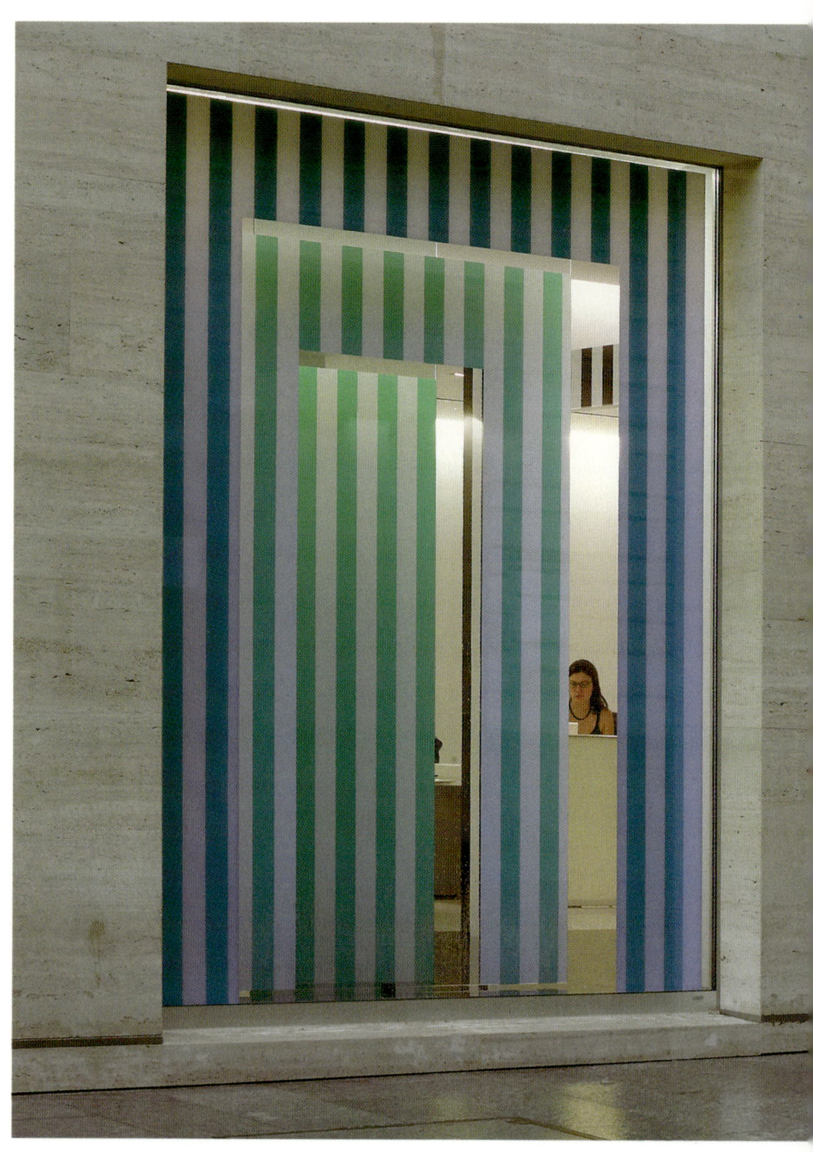

PHOTO-SOUVENIR Prospettive

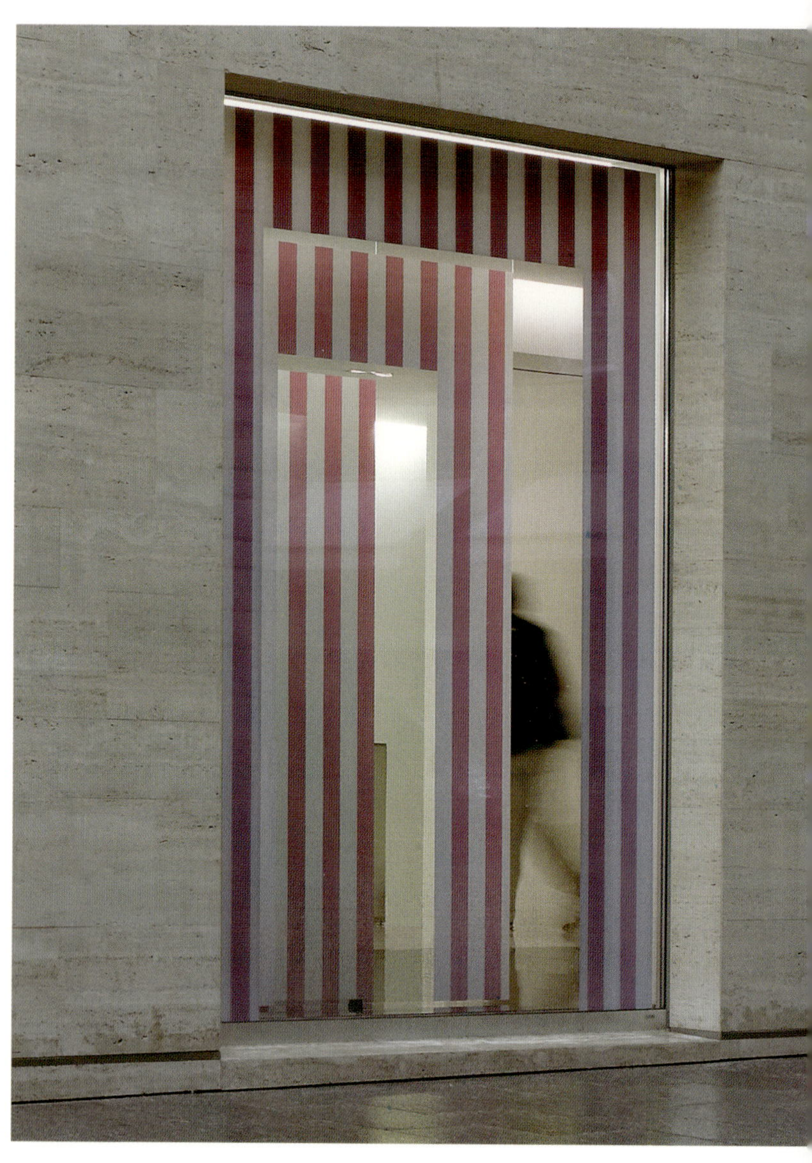

PHOTO-SOUVENIR Prospettive

Non si tratta di decorare (sfigurare o abbellire) lo spazio (l'architettura) in cui l'opera viene installata, quanto piuttosto di identificare nel modo più preciso possibile gli elementi per cui l'opera appartiene alla sua collocazione e viceversa, non appena quest'ultima viene rivelata. It is not a question of ornamenting (disfiguring or embellishing) the place (the architecture) in which the work is installed, but of indicating as precisely as possible the way the work belongs in the place and vice versa, as soon as the latter is shown.

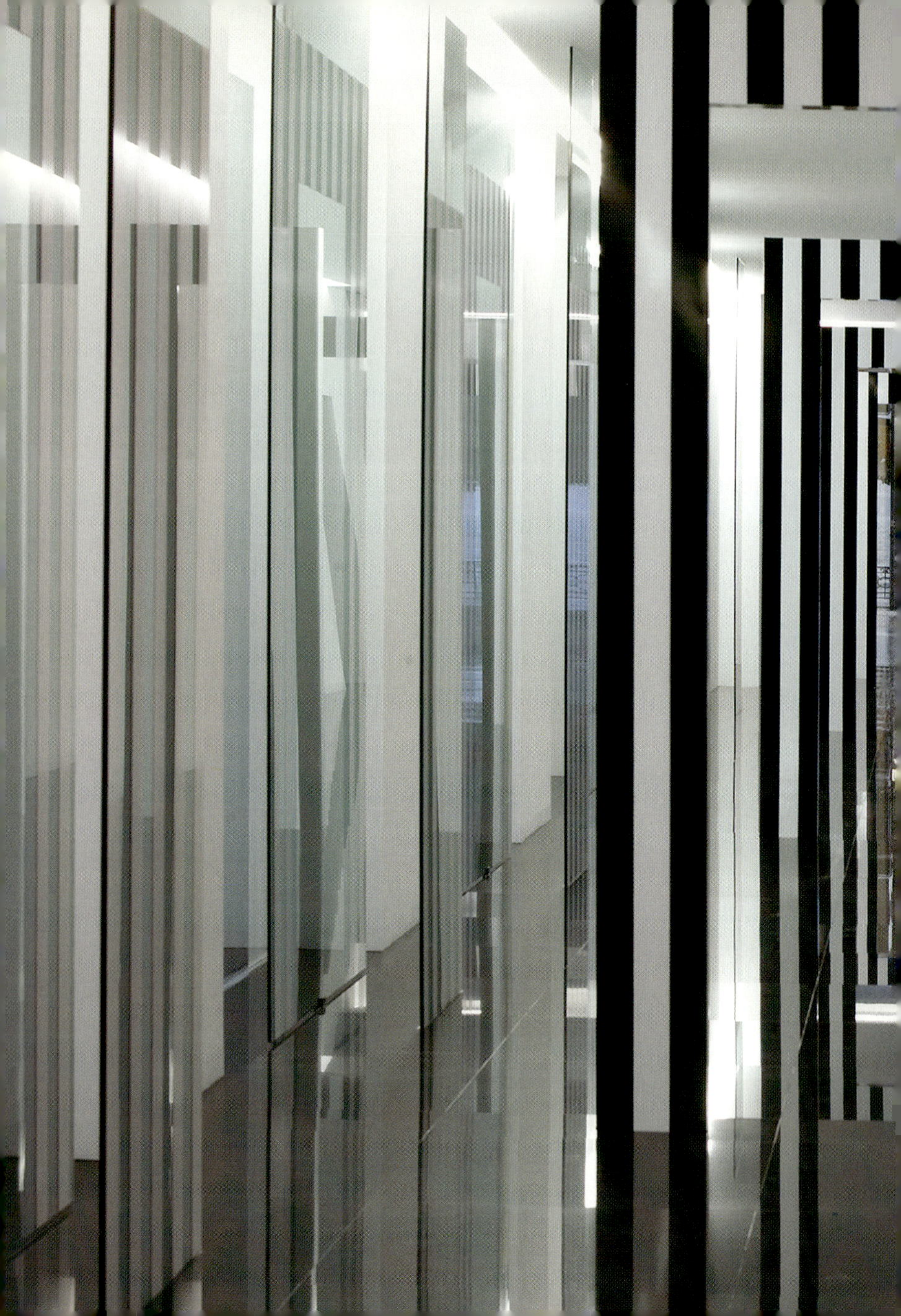

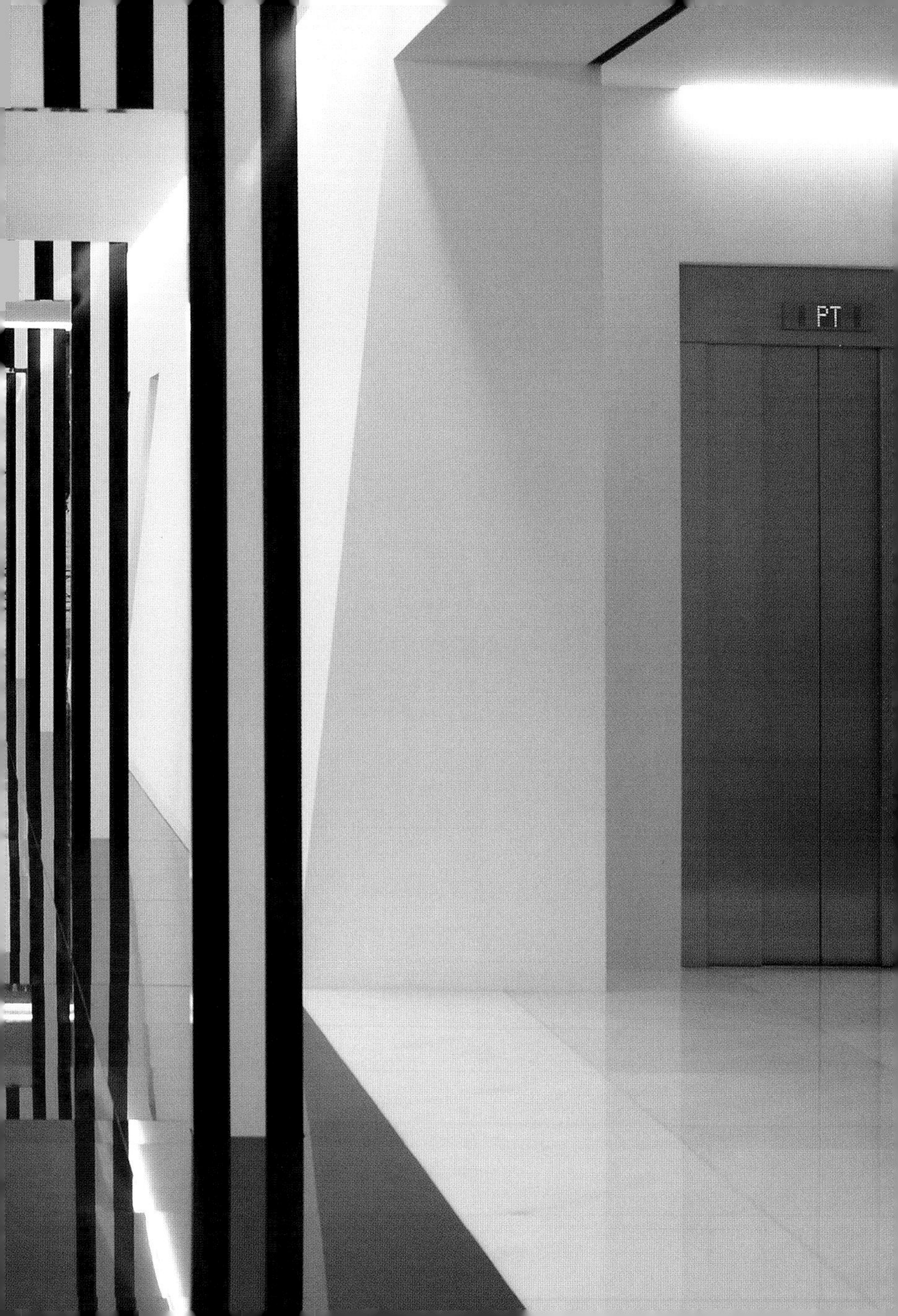
PT

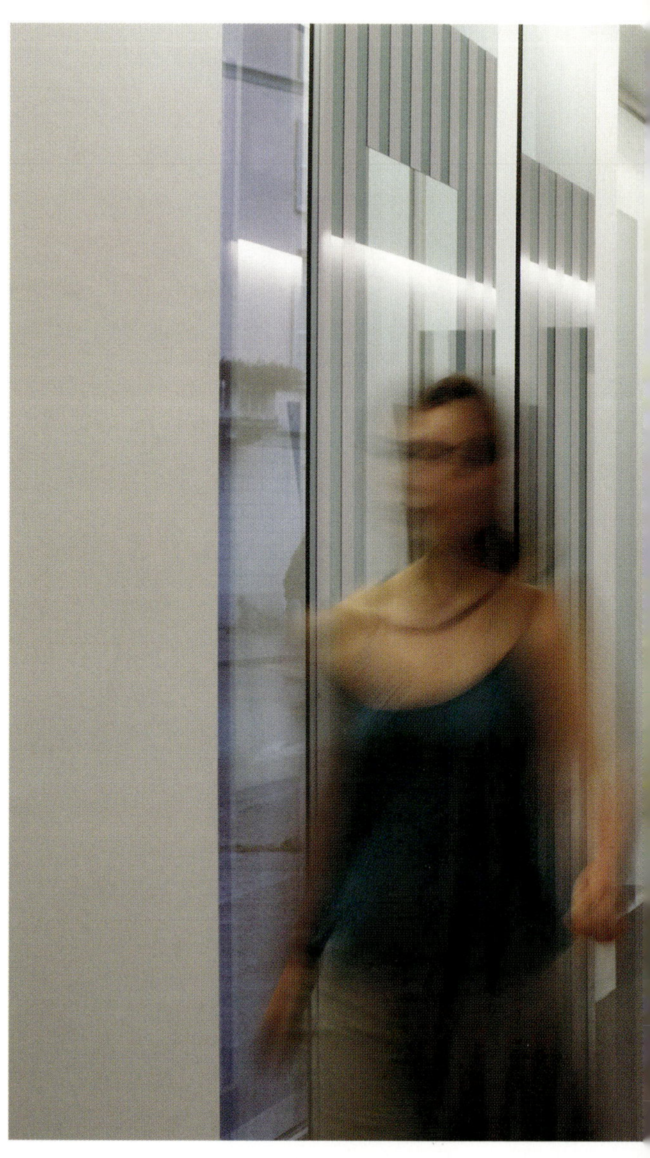

PHOTO-SOUVENIR Prospettive

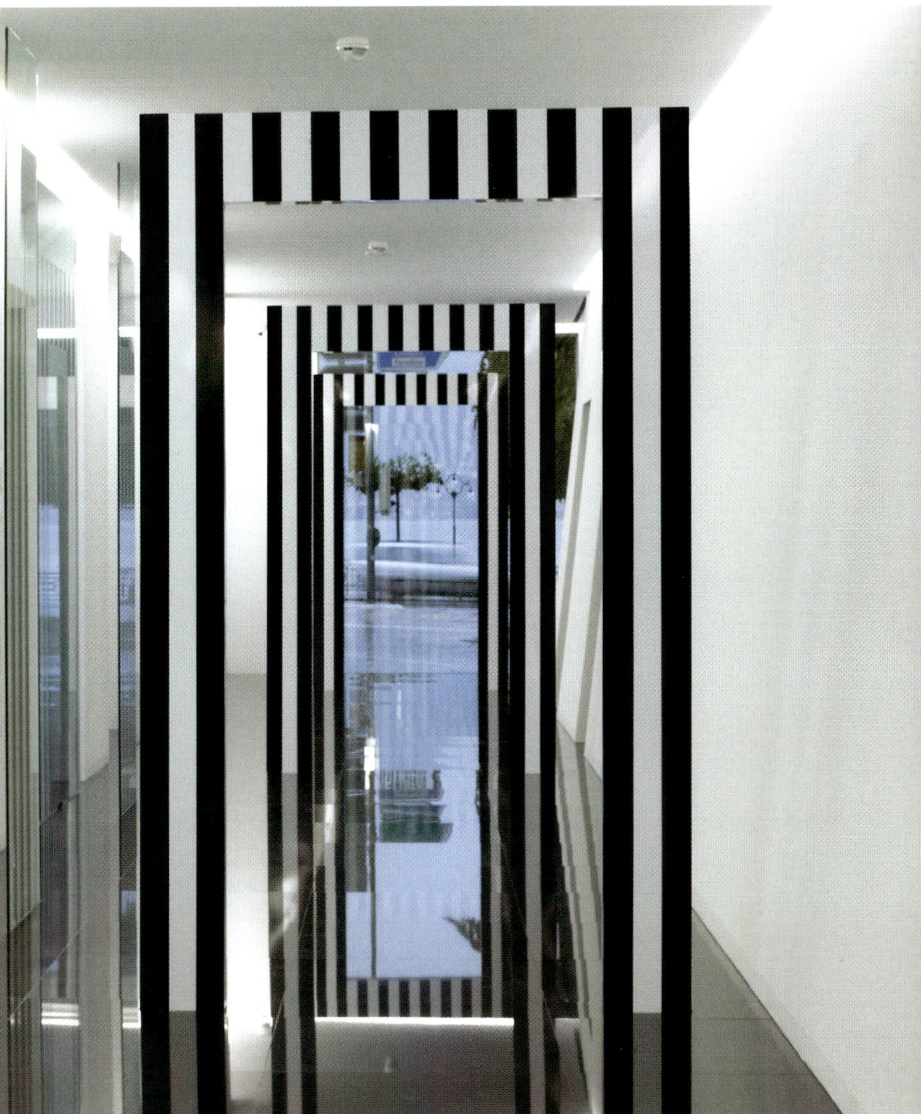

PHOTO-SOUVENIR Prospettive

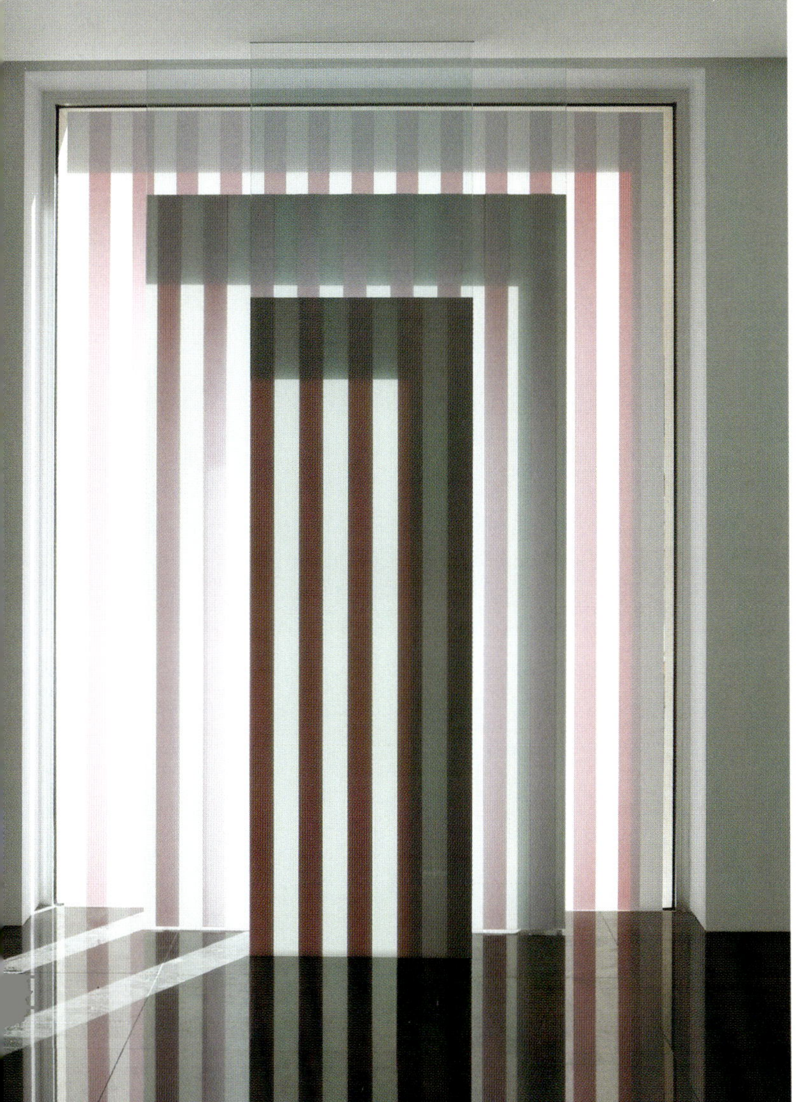

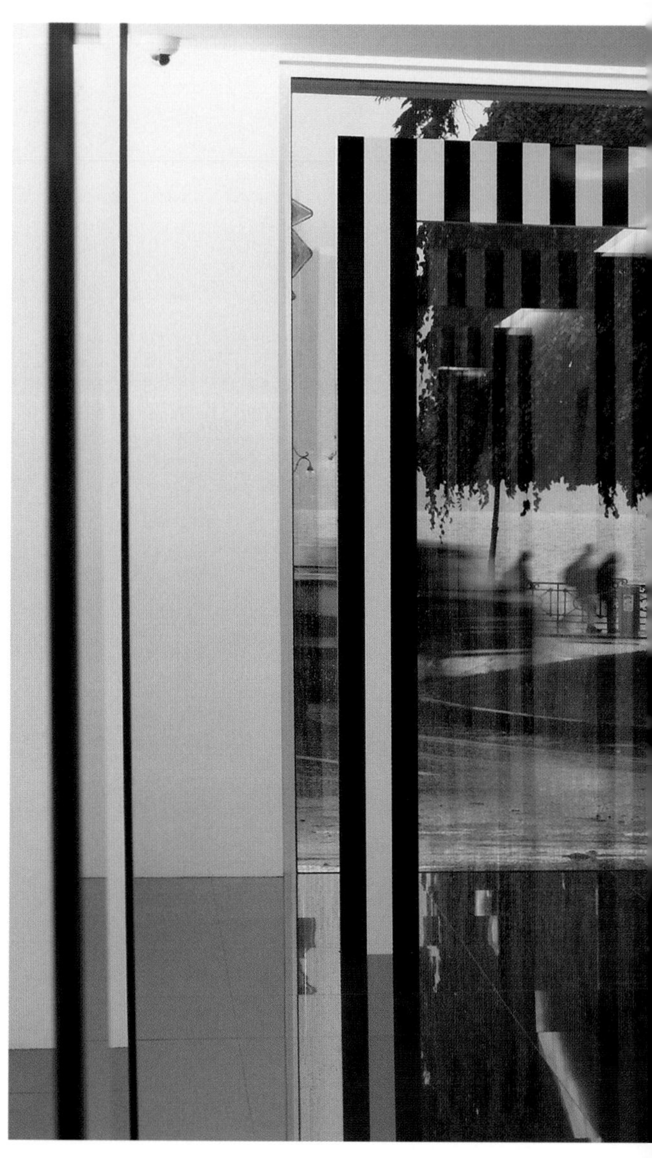

PHOTO-SOUVENIR Prospettive

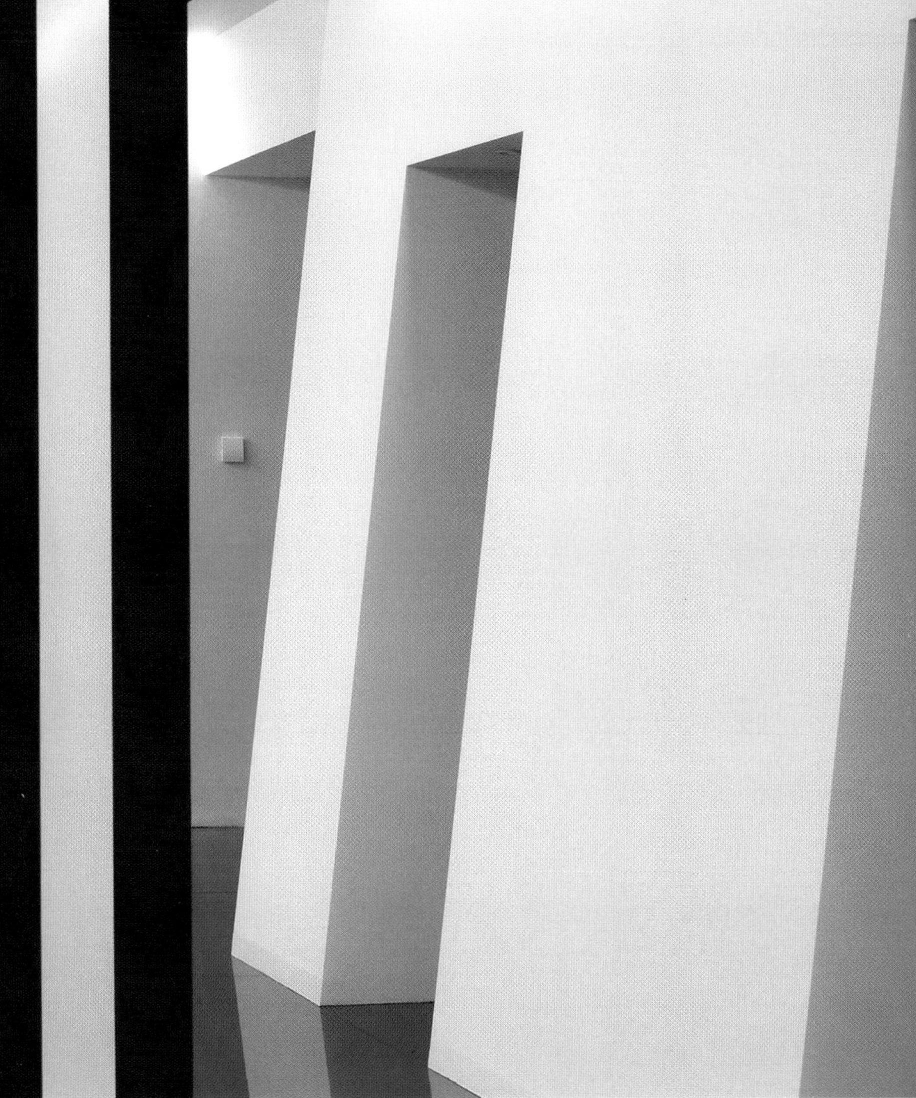

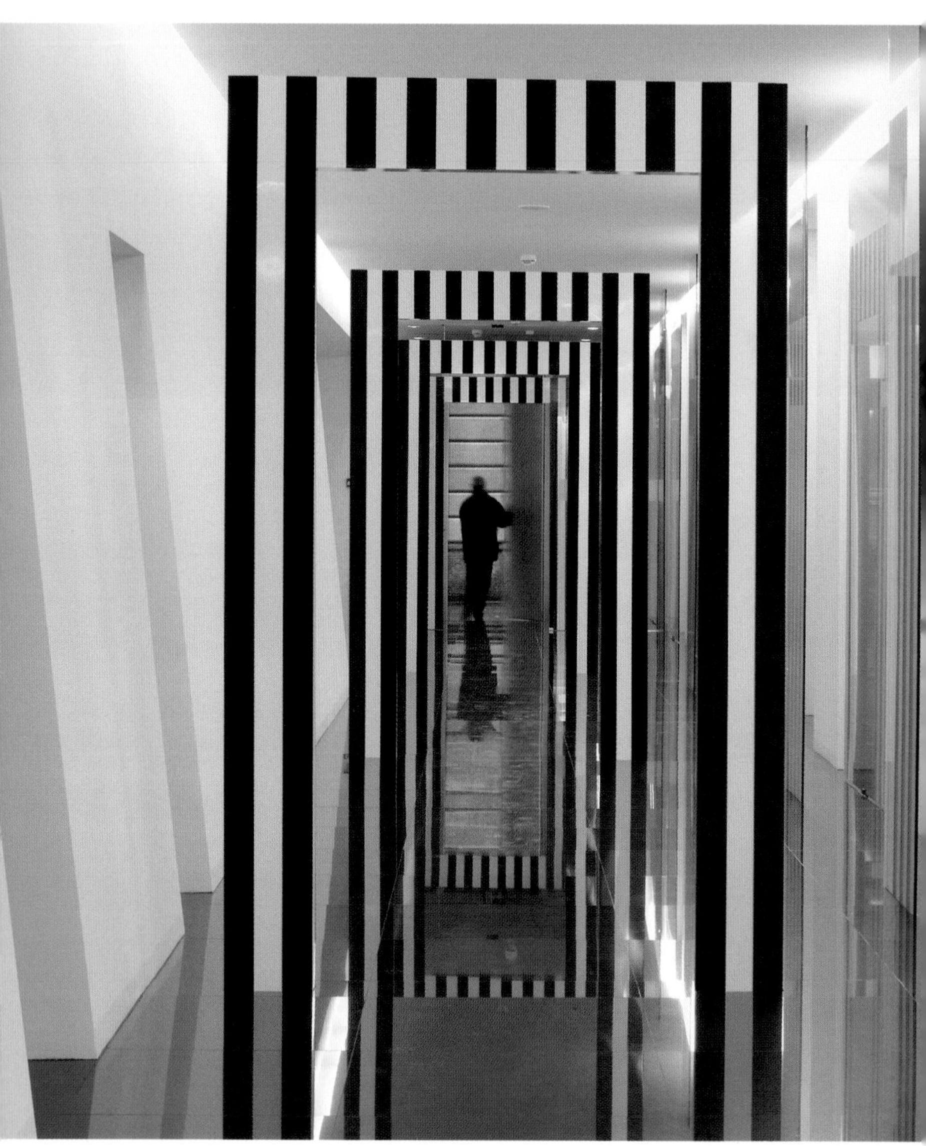

PHOTO-SOUVENIR Prospettive

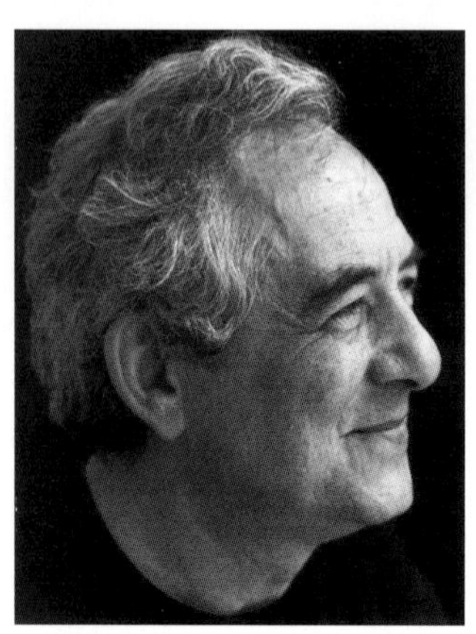

Daniel Bure[n]

Prospettive

Daniel Buren

Note sull'opera d'arte in relazione ai luoghi di installazione, redatte tra il 1967 e il 1975.

Daniel Buren

NOTES ON WORK IN CONNECTION WITH THE PLACES WHERE
IT IS INSTALLED, TAKEN BETWEEN 1967 AND 1975.

Dal rinascimento

Si può parlare di architettura interna in relazione a un dipinto o a qualsiasi altra opera d'arte.

Questa architettura – ossia il modo in cui il dipinto è costruito a partire dalla cornice, la tela e ciò che viene espresso sopra (o dietro) di essa – ha uno sviluppo particolare che, sin dal Rinascimento, non ha cessato di allontanare l'opera dall'architettura/luogo in cui essa viene conosciuta.

Si può dire che la storia dell'Arte Moderna (in particolare) sia la storia, dettagliata e ripetuta, dell'architettura interna dell'opera, vista allo stesso tempo come contenuto e contenitore.

Tuttavia, "l'opera d'arte si limita ad esistere, non può che essere osservata nel contesto del Museo/Galleria che la circonda, quel Museo/Galleria cui l'opera era destinata ma al quale non si presta particolare attenzione" (Estratto da Limites Critiques, ottobre 1970).

SINCE THE RENAISSANCE

We can speak of the internal architecture of a painting,
or of any other work of art.
   This architecture of the work, the way in which
it is constructed from its frame, the canvas and what is
expressed on it (or beneath it), has an exclusive devel-
opment which, since the Renaissance, has not ceased
to distance it further and further from the architecture/
place in which the work becomes known.
   It can be said that the History of Modern Art (in
particular) is the history, recounted and repeated, of
the internal architecture of the work, seen simultaneous-
ly as content and container.
   However, "the work of art only exists, can only be
seen, in the context of the Museum/Gallery surrounding
it, the Museum/Gallery for which it was destined and
to which however no special attention is paid." (Extract
from Limites Critiques, October 1970)

Sarà la storia futura a considerare il luogo (l'architettura) in cui l'opera è collocata per rimanere (svilupparsi) come parte integrante dell'opera stessa e sarà la storia futura a considerare le conseguenze che questo legame reciproco implica.

Non si tratta di decorare (sfigurare o abbellire) lo spazio (l'architettura) in cui l'opera viene installata, quanto piuttosto di identificare nel modo più preciso possibile gli elementi per cui l'opera appartiene alla sua collocazione e viceversa, non appena quest'ultima viene rivelata.

The history still to be made will take into consideration the place (the architecture) in which a work comes to rest (develops) as an integral part of the work in question and all the consequences such a link implies.

It is not a question of ornamenting (disfiguring or embellishing) the place (the architecture) in which the work is installed, but of indicating as precisely as possible the way the work belongs in the place and vice versa, as soon as the latter is shown.

Un pezzo di pane

Un Museo o una Galleria vuoti sono così privi di significato che li si può trasformare in qualsiasi momento in una palestra o in una panetteria senza che questo cambi le attività che vi si terranno o ciò che vi si venderà, in termini di opere d'arte future, in quanto anche lo status sociale sarà cambiato. Collocare/Esporre un'opera d'arte in una panetteria non trasformerà in alcun modo la funzione della panetteria stessa, la quale, a sua volta, non trasformerà un'opera d'arte in un pezzo di pane.

Collocare/Esporre un pezzo di pane in un Museo non muterà in alcun modo la funzione del Museo stesso, ma quest'ultimo muterà il pezzo di pane in un'opera d'arte, quanto meno per la durata della mostra.

Se si espone un pezzo di pane in una panetteria, sarà molto difficile, per non dire impossibile, distinguerlo dagli altri pezzi di pane. Se si espone un'opera d'arte – di qualsiasi genere – in un Museo, sarà veramente possibile distinguerla dalle altre opere d'arte?

A BIT OF BREAD

An empty Museum or Gallery means nothing, to the extent
that it can at any time be transformed into a gym or
a baker's, without changing what will take place there or
will be sold there, in terms of works of art in the
future, since the social status will also have changed.
Placing/Exhibiting a work of art in a baker's will in
no way change the function of the aforementioned baker's,
which will never change the work of art into a bit of
bread either.

Placing/Exhibiting a bit of bread in a Museum will in
no way change the function of the aforementioned Museum,
but the latter will change the bit of bread into a work
of art, at least for the duration of its exhibition.

Now let's exhibit a bit of bread in a baker's and it
will be very difficult, if not impossible, to distinguish
it from the other bits of bread. Now let's exhibit
a work of art — of any kind — in a Museum: can we really
distinguish it from other works of art?

Distruzione, esistenza, frammentarietà

Un'opera che prenda in considerazione il luogo in cui viene mostrata/esposta non può essere spostata altrove e dovrà scomparire ad esposizione conclusa.

L'idea della sparizione per distruzione apre una breccia nell'ideologia artistica dominante, in base alla quale un'opera è immortale e indistruttibile per definizione, e rimane in ogni caso nelle vicinanze o sotto la protezione del Museo.

Ciò mette in evidenza una delle difficoltà cui deve far fronte ogni opera d'arte che non consideri o non rispetti questa regola – farsi proteggere – ma che, al contrario, tragga la sua sola forma di esistenza dalla propria perpetua distruzione. Oltre a ciò, l'assunzione che vede lo spazio espositivo come parte integrante dell'opera porta necessariamente ad una frammentazione di quest'ultima in tante occasioni quanti sono gli spazi utilizzati.

DESTRUCTION, EXISTENCE, FRAGMENT

A work taking into consideration the place in which
it is shown/exhibited, cannot be moved elsewhere and will
have to disappear at the end of its exhibition.

The idea of disappearance through destruction opens
a breach in the dominant artistic ideology which wants a
work to be immortal and therefore indestructible by
definition, in any case in the surroundings/shelter of
the Museum.

This indicates one of the difficulties encountered by
any work of art which would not take into account, which
would not respect this clause — to be able to be pro-
tected — but would, on the contrary, take its unique form
of existence from its individual and continual destruction. Moreover, the implication of the place of exhibition, as an integral part of the work, fragments the
aforementioned work into as many occasions as there
are places used.

In modo radicalmente dialettico

Ogni spazio impregna radicalmente (dal punto di vista formale, architettonico, sociologico e politico) del proprio significato l'oggetto (opera/creazione) che vi è esposto. In generale, l'arte rifiuta di essere implicata a priori ed ha quindi la presunzione di ignorare o rigettare il ruolo draconiano imposto dal Museo (dalla Galleria), un ruolo che è sia culturale sia architettonico.

Perché questo limite (questo ruolo) possa essere svelato, l'oggetto presentato e il suo spazio espositivo devono suggerirsi l'un l'altro in modo dialettico.

RADICALLY DIALECTICALLY

Every place radically imbues (formally, architecturally,
sociologically, politically) with its meaning the
object (work/creation) shown there. Art in general re-
fuses to be implied a priori and so pretends to ignore or
reject the draconian role imposed by the Museum (the
Gallery), a role both cultural and architectural.

To reveal this limit (this role), the object presented
and its place of display must dialectically imply one
another.

Non si tratta di creare un museo personale

Non si tratta quindi di creare un'ambientazione ad hoc, perché ciò porterebbe solo a mettere da parte il problema piuttosto che ad affrontarlo. Non si tratta di creare un Museo personale, in termini architettonici o culturali, con la scusa di sfuggire ai MUSEI, perché ciò porterebbe ancora una volta ad un tentativo di isolamento, ad uno straniamento dalla realtà che, a tutti gli effetti, non sarebbe altro che l'ennesima immagine personale su scala diversa.

So it is not a matter of creating one's own environment, which at beat would come down to pushing the problem to one side rather than facing it. It is not a matter of creating one's own Museum, either architecturally or culturally, under the pretext of escaping from MUSEUMS, which once again would come down to a bid for isolation, extraction from reality, in fact once again making on another scale one's own little picture.

Tensione-crisi

Mi sembra che sia più importante mostrare ciò che un'opera può suggerire ad un primo sguardo in un certo luogo e forse – grazie all'opera, finalmente – ciò che quel luogo può suggerire.

La tensione così creata farà sì che la crisi tra la funzione del Museo (architettura) e quella dell'Arte (oggetto visivo) venga dialetticamente rivelata.

TENSION-CRISIS

It seems to me that it is much more a matter of showing
what a work will imply immediately in a given place,
and perhaps, thanks finally to the work, what the place
will imply.
    The crisis between the function of the Museum (archi-
tecture) and that of Art (visual object) will appear
dialectically from the tension thus created.

Il discorso narcisistico

L'interrogativo radicale che mette in discussione i limiti architettonici entro i quali l'opera viene collocata, se da una parte non
abbatte questi limiti, dall'altra permette di sfuggire le pastoie
sclerotizzate relative all'opera d'arte e al suo discorso narcisi-
stico. In effetti, la pseudo-libertà che si attribuisce ad un'opera
con la scusa di poterla trasportare da un luogo all'altro, ovunque,
di esposizione in esposizione, senza riguardo per l'architettura
del suo spazio espositivo, presuppone che questa architettura
sia conosciuta o deliberatamente ignorata.

THE NARCISSISTIC DISCOURSE

The radical questioning of the architectural limits in
which the work is installed — if it does not break them
escapes on the other hand the sclerotic limits of
the work of art and its narcissistic discourse. In fact,
the pseudo-freedom of a work under the pretext that it
can be transported from here to there, anywhere, from one
exhibition to another, regardless of the architecture
of the place in which it is displayed, presupposes either
that this architecture is familiar, or that it is being
deliberately ignored.

Il cubo: idealismo bianco

Conoscere l'architettura senza averla vista equivale ad accettare di lavorare a priori in un luogo asettico e – per così dire – neutro, cubico, con muri verticali, piani orizzontali, pavimento e soffitto bianchi. Questo è un tipo di architettura ben noto, più o meno quello che si può trovare in tutti i musei e le gallerie del mondo occidentale, un luogo che, dal punto di vista architettonico, si adatta alle richieste del mercato che una merce così facile da trasportare sottintende ed autorizza.

Questo cubo bianco e "neutro" non è quindi così innocente, ma è in realtà quel ricettacolo valorizzante spesso menzionato in passato. Alcuni artisti coerenti nella loro opera, consci del fatto che questa può essere decifrata solo in luoghi simili, dispongono di aree espositive specificamente realizzate che non corrispondono a queste norme, ma consistono di spazi cubici e immacolati. In questo modo, essi dimostrano che la loro opera dipende davvero dall'architettura, ma non da un'architettura qualunque, perché l'unica che le si adatta deve necessariamente essere cubica o bianca, ideale.

THE CUBE. WHITE IDEALISM.

To know the architecture without having seen it is to
accept working a priori in the context of an aseptic and
(so-called) neutral place, cubic, vertical walls,
horizontal, white floors and ceiling. This architecture
is the well-known kind, since it is more or less what
is found in all the museums and galleries of the Western
World, a place architecturally adapted to the needs
of the market implied and allowed by such a transportable
commodity.
    This white and "neutral" cube is therefore not as
innocent as all that, but is in fact the value-giving
repository already often mentioned. Certain artists con-
sistent in their work, who know that their work can
only be interpreted in a place like the one described
above, have places of exhibition specially built inside
which do not correspond to these norms, cubic and
immaculate spaces. They thereby demonstrate that their
work does indeed depend on architecture, but not just
any one, since it cannot submit to any other which is not
cubic or white: ideal.

Alienazione

In entrambi i casi, si tratta naturalmente di una collocazione che, con la scusa di illuminare il soggetto (l'opera) per renderlo più autonomo possibile – così che nulla di estraneo intervenga a distrarre l'occhio – di fatto danneggia l'opera stessa estraniandola rispetto all'indispensabile quadro architettonico, che ovviamente non viene mai menzionato.

ALIENATION

In both cases it is obviously a question of a setting
which under the pretext of illuminating the subject (the
work) in order to make it as autonomous as possible –
so that nothing which is not the work manages to distract
the eye – in fact alienates, in a detrimental way, the
aforementioned work in the context of the obligatory
architectural frame, which is obviously never mentioned.

Una tela di ragno

Coloro che vorrebbero ignorare il contesto architettonico nel quale espongono sono gli stessi che ritengono che un'opera sia autosufficiente, che ciò che la circonda non abbia importanza e che le condizioni in cui questa viene percepita siano ininfluenti.

É il caso di quasi tutti i dipinti la cui consolazione consiste in un ormai debole "in sé", che tenta di sfuggire alle difficoltà esterne contemplando il proprio ombelico e trascinando lo spettatore nella sua rete di fili intessuti, come una tela di ragno che intrappola le mosche.

A SPIDER'S WEB

As for those who wish to ignore the architectural context
in which they exhibit, they are the ones who still be-
lieve that a work is self-sufficient, no matter what
surrounds it and no matter what the conditions in which
it is perceived.
    This is the case with practically all painting which
consoles itself in a debilitated "en-soi", which attempts
to escape external difficulties by contemplating its
navel and drawing the viewer into the mesh of its woven
threads, like a spider's web hitching flies.

Cinico, ignorante

Un'opera può quindi essere drammatizzata o enfatizzata (contro la sua volontà o su richiesta) da quella che si definisce un'architettura neutra, oppure può essa stessa rifiutare qualsiasi influenza esterna e tentare, a dispetto di tutto, di attirare l'occhio indipendentemente dal contesto. Questo secondo atteggiamento mi sembra particolarmente arrogante, perché in questa contrapposizione la vittoria è sempre del contesto (del quadro architettonico), che si scaglia violentemente contro coloro che lo ignorano.

Il primo atteggiamento è cinico (sappiamo ciò che determina il successo di un'opera ed eliminiamo a priori ogni motivo di conflitto che potrebbe minacciare questo successo).

Il secondo atteggiamento è idealistico o ignorante (e, in entrambi i casi, destinato a soccombere sotto gli attacchi esterni).

Tanto un atteggiamento quanto l'altro derivano dall'arte, che nella maggioranza dei casi è degna rappresentante della realtà odierna: reazionaria, subordinata e ossequiente dell'ideologia dominante.

CYNICAL, IGNORANT

A work is thus dramatized or emphasized (against its
will or by request) by a so-called neutral architecture,
or indeed the work turns up its nose at any external
influence and attempts, despite everything, to attract
the eye regardless of the context. This second attitude
seems presumptuous to me, since the context (the
architectural frame) always wins, rounding on those who
ignore it.

The first attitude is cynical (we know what the work
needs to triumph and we eliminate a priori any conflict
likely to undermine this triumph).

The second attitude is idealistic or ignorant (and
in both cases succumbs to attacks from outside).

The two attitudes both stem from art as it is, in the
majority of cases, up to the present day: reactionary,
depending on and accepting the ruling ideology.

Collegare all'opera la sua collocazione (interna o esterna) equivale ad imporre limiti materiali e visivi che non lasciano alcuna via di fuga. Ciò significa anche vincolarsi ad una data realtà che l'opera, se necessario, si incaricherà di criticare, enfatizzare, contraddire, in una parola di contestare in modo dialettico. L'acutezza del commento dipenderà dalla precisione dell'intervento.

WITHOUT AN ESCAPE ROUTE

To imply in the work the place where it is situated
(whether internal or external) is to give the limits
materially and visually, without leaving an escape route.
It is also to bind oneself to a certain given reality
which the work if necessary will undertake to criticize,
to emphasize, to contradict, in a word to dispute dialectically. The sharpness of the comment will depend on
the precision of the intervention.

L'architettura

Bisogna prendere in considerazione l'architettura all'interno della quale è esposta l'opera d'arte, tenendo ben presente che esiste il rischio di azzerare per sempre l'opera stessa. Non si tratta quindi di realizzare un'opera di architettura e nemmeno di scegliere un'architettura che convenga a ciò che si vuol dimostrare.

Si deve poter usare ogni genere di architettura.

Poche opere possono prestarsi a questo esperimento.

Non esiste un problema di architettura da un lato e un problema di arte estranea all'architettura dall'altro.

E non si tratta nemmeno di arte che si piega all'architettura o di architettura che sposa l'arte.

THE ARCHITECTURE

The architecture in which the work of art is exhibited
must be taken into account, under the threat of per-
manently reducing the work to nothing. It is therefore
certainly not a matter of carrying out a work of
architecture. Not is it a matter of choosing an architecture to suit the point one wants to make.

All architecture must be able to be used.

Few works can lend themselves to the experiment.

It is not a problem of architecture on one side and a
problem of art unknown to it on the other.

Neither is it a question of art submitting to architecture, not of architecture wedding art.

Una profonda differenza

Parliamo di una relazione conflittuale in cui entrambe le parti si scontrano per affermare una differenza, e in primis una profonda differenza rispetto all'arte, che cerca invece di affermare se stessa. Il punto di incontro – o punto di rottura rispetto all'arte moderna – sta "altrove", fuori dall'opera ma non più interamente nel luogo, è un punto centrale costantemente fuori centro, è un punto a margine che afferma allo stesso tempo la propria differenza.

FUNDAMENTAL DIFFERENCE

It is a question of a conflict relationship, where both
parties are on trial concerning a difference. And first
of all concerning a fundamental difference with art,
as it attempts to establish itself. The point of inter-
section — or point of rupture with modern art — between a
work and its place (the place where it is seen), is
situated "somewhere else", outside the work and no longer
entirely in the place, a central point which is con-
tinually off-centre and a point on the edge, asserting
its difference at the same time.

Un'arte "liberamente" borghese

Nelle normali installazioni artistiche – che, come abbiamo visto, consistono per lo più in cubi bianchi – i problemi posti dall'architettura tentano di celare il proprio volto per supportare (artificialmente) il successo di un'arte borghese che, così valorizzata, può affermare se stessa "liberamente", all'interno del delicato rifugio che la contiene.

In normal artistic settings, which as we have seen in
the majority of cases are white cubes, the problems set
by architecture attempt to conceal themselves, in order
to support (artificially) the triumph of a bourgeois
art, which thus given value can assert itself "freely",
within the soft shelter which receives it.

L'opera che si pone degli interrogativi ha quindi l'obbligo di utilizzare tutte le risorse possibili, compresa la sovversione, per rivelare la falsa discrezione di queste architetture spersonalizzate e smascherarne la neutralità artificiale. Nel caso di un'architettura spettacolare (non neutra) – il Museo Guggenheim di New York, per esempio – la sovversione consisterebbe nell'enfatizzare ciò che si trova già sul posto e nel rendere impossibile ogni altra collocazione all'interno del Museo ad eccezione di quella scelta dall'opera sovversiva in questione. Da qui, la sua esclusione (cf. *Gurgles around the Guggenheim,* Studio International, giugno 1971, pp. 246–250).

SUBVERSION

So the questioning work has an obligation to employ all
possible means, including subversion, to reveal the false
discretion of these depersonalized architectures and
to make them emerge from their false neutrality. In the
case of triumphant architecture (anti-neutral), an
excellent example being the Guggenheim Museum in New
York, subversion would consist of accentuating what is
already in place and making any other situation inside
the Museum untenable, except the one chosen by the
subversive work in question. Hence the exclusion of this
work (cf. *Gurgles around the Guggenheim*, Studio International, June 1971, pp.246–50).

La madre castrante

Il Museo Guggenheim è l'esempio perfetto di architettura che, per quanto avvolgente ed accogliente, di fatto esclude ciò che vi viene esposto, (normalmente) a beneficio dell'esposizione di se stessa. Spalanca le sue braccia, certo, ma per soffocare. Ogni opera che ignara si avventuri in un tale "abbraccio" viene irrimediabilmente assorbita, inghiottita dalle spirali e dalle curve di questa architettura. Il ruolo di protezione assunto dal Museo viene qui spinto sino al paradosso dall'architetto stesso. Il Museo Guggenheim si comporta come una madre castrante rispetto all'arte che ospita.

Per come è fatta, un'architettura di questo tipo è dannosa per l'arte; nello stesso modo, essa svela molto chiaramente i limiti della cosiddetta arte, in quanto architettura rassicurante.

THE OVERBEARING MOTHER

The Guggenheim Museum is a perfect example of architecture which although enveloping and welcoming, in fact
excludes what is exhibited there (normally) for the
benefit of its own exhibition, holding out its arms, yes,
but in order to smother. Any work venturing unconsciously
into such an "envelopment" is irrevocably absorbed,
swallowed up in the spirals and curves of this architecture. The role of protector, acquired by the Museum,
is here taken to the point of paradox by the architect
himself. The Guggenheim Museum behaves like an over-
bearing mother to the art it houses.
    Such architecture is damaging to art as it is, and
by the same token very clearly reveals the limits of the
so-called art. This architecture is heartening.

Buchi nell'architettura

Nei luoghi architettonici definiti neutri, i punti/le linee non-neutri che spezzano la neutralità – e che, generalmente, non vengono usati proprio per questo motivo – sono le finestre, le porte, gli stretti corridoi, i cunicoli di ventilazione, le tubature del riscaldamento, le fonti di luce, ecc.

Di fatto, si tratta di buchi nell'architettura.

Zone di passaggio. Zone disturbate. Zone instabili. Finestre disturbate da ciò che accade fuori. Porte disturbate da coloro che le aprono. Corridoi disturbati da coloro che li percorrono.

HOLES IN THE ARCHITECTURE

In so-called neutral architectural places, the non-
neutral points/axes breaking the neutrality and general-
ly never used for this reason — are the windows, the
doors, the narrow corridors, the air vents, the heating
pipes, the light sources etc.
     In fact, holes in the architecture.
     Passing places. Disturbed places. Unstable places.
Windows disturbed by what happens behind them. Doors disturbed by those who open them. Corridors disturbed by
those who walk along them.

Quando parliamo di architettura, comprendiamo il contesto sociale, politico ed economico. Architetture di ogni tipo rappresentano in effetti l'inevitabile sfondo, supporto e cornice di qualsiasi opera.

Non esisterà più un'architettura specifica per un dipinto/un'opera d'arte (non esisterà più una storia specifica del dipinto/dell'opera d'arte) che sia realizzato/a senza riguardo per l'architettura propria del suo spazio espositivo.

Ne consegue necessariamente l'impossibilità di concepire un'opera al di fuori di quello che sarà il suo spazio espositivo.

Ne consegue necessariamente l'inutilità dello studio d'artista, la cui sopravvivenza appare assurda.

Forse l'architettura di una galleria – al cui interno l'opera deve prendere forma – non consiste unicamente della sala espositiva odierna (dove la merce è messa in mostra), ma anche nell'ufficio del direttore (dove la merce è venduta), nel magazzino (dove la merce è conservata), nella reception (dove la merce è oggetto di discussione).

Forse quell'architettura comprende anche l'esterno della galleria, le scale che si salgono, l'ascensore, la strada che si percorre, la zona in cui si trova l'edificio, la città…

When we say architecture, we include the social, politi-
cal and economic context. Architecture of any sort
is in fact the inevitable background, support and frame
of any work.

There no longer exists an architecture peculiar
to painting/to the work of art (there no longer exists a
history peculiar to painting to the wok of art), which
could be conceived without considering the architecture
peculiar to the place where it is exhibited.

Whence the impossibility of conceiving a work outside
the place where it will be exhibited.

Whence the uselessness of the artist's studio and the
absurdity of its survival.

The architecture of a gallery, in which the work must
take shape, is perhaps not only the actual exhibition
room (where the goods are shown), but also the director's
office (where the goods are sold), the store-room
(where the goods are kept), the reception room (where
the goods are discussed).

It is perhaps also the external architecture of
the gallery, the staircase up to it, or the lift, the
street leading to it, the area where it is situated,
the town…

Architettura come atto umano

Quando parliamo di architettura, ci riferiamo ad un'area urbana (abitata o no), ad un'area culturale. Non accettando il fatto che l'architettura sia allo stesso tempo lo sfondo inevitabile e la cornice dell'opera, alcuni artisti saranno obbligati ad esporre in campagna, nei boschi, in montagna, sul mare o nel deserto.

É un tentativo di sfuggire agli uomini, a se stessi. È un tentativo di negare l'architettura come atto umano.

Pubblicato per la prima volta in Studio International,
settembre–ottobre 1975, Londra

ARCHITECTURE AS THE ACT OF MAN

When we say architecture, we mean an urban place (in-
habited or not), a cultural place. Certain artists, who
will not accept that architecture should be at the
same time the inevitable background and the frame of the
work, are forced to exhibit in the country, in forests,
mountains, seas or deserts.

This is an attempt to escape from men, from oneself.
It is an attempt to deny architecture as the act of man.

First published in Studio International,
September–October 1975, London

Prospettive · Perspectives
Lavori in situ · Works in situ
Lugano · Switzerland · 2000/2005

—

(Finestre · Windows) Vetro · Glass
Carta adesiva bianca e colorata
Coloured and white adhesive
paper

—

(Archi · Arches) Ferro · Iron
Termolacca bianca · White thermo-
lac paint · Carta adesiva nera
Black adhesive paper

—

Courtesy · Buchmann Galerie
Berlin & Lugano

—

Palazzo BSI
Via Canova 6 · 6900 Lugano

BSI Art Collection · Lugano
Via Peri 21b · 6900 Lugano
Switzerland
Curatore · Curator · Luca Cerizza
Coordinamento · Coordination
Silvia Panerai, Raffaele Zueger
Contatto · Contact
bsi-art-collection@bsi.ch
www.bsi.ch/bsi-moments

Testo · Text · Daniel Buren
Traduzione inglese-italiano · Translation
from English to Italian
Simona Brogli
Traduzione francese-inglese · Translation
from French to English
Helen Meakins
Crediti fotografici · Photo Credits
Consorzio Visivo, Lugano
www.consorzio-visivo.ch
Franco Mattei, Lugano
Eiichiro Sakata (pag. 24)
Progetto grafico e impaginazione
Visual Concept/Graphic Design
groenland.berlin
www.groenlandberlin.de
Produzione · Production
Tecnografica srl, Lomazzo
Separazione di colore · Colour separation
Clichés Color 2000 Sagl, Bioggio

Thanks to
Sophie Streefkerk

Numero di copie · Number of copies
3000
Edizione · Edition · 2005

© 2005 BSI Art Collection

Distribuzione · Distribution
JRP | Ringier
Letzigraben 134
8047 Zurich
Switzerland
T +41 (0)43 311 27 50
F +41 (0)43 311 27 51
info@jrp-ringier.com
www.jrp-ringier.com

ISBN 3-905701-49-9

Stampato in Italia · Printed in Italy

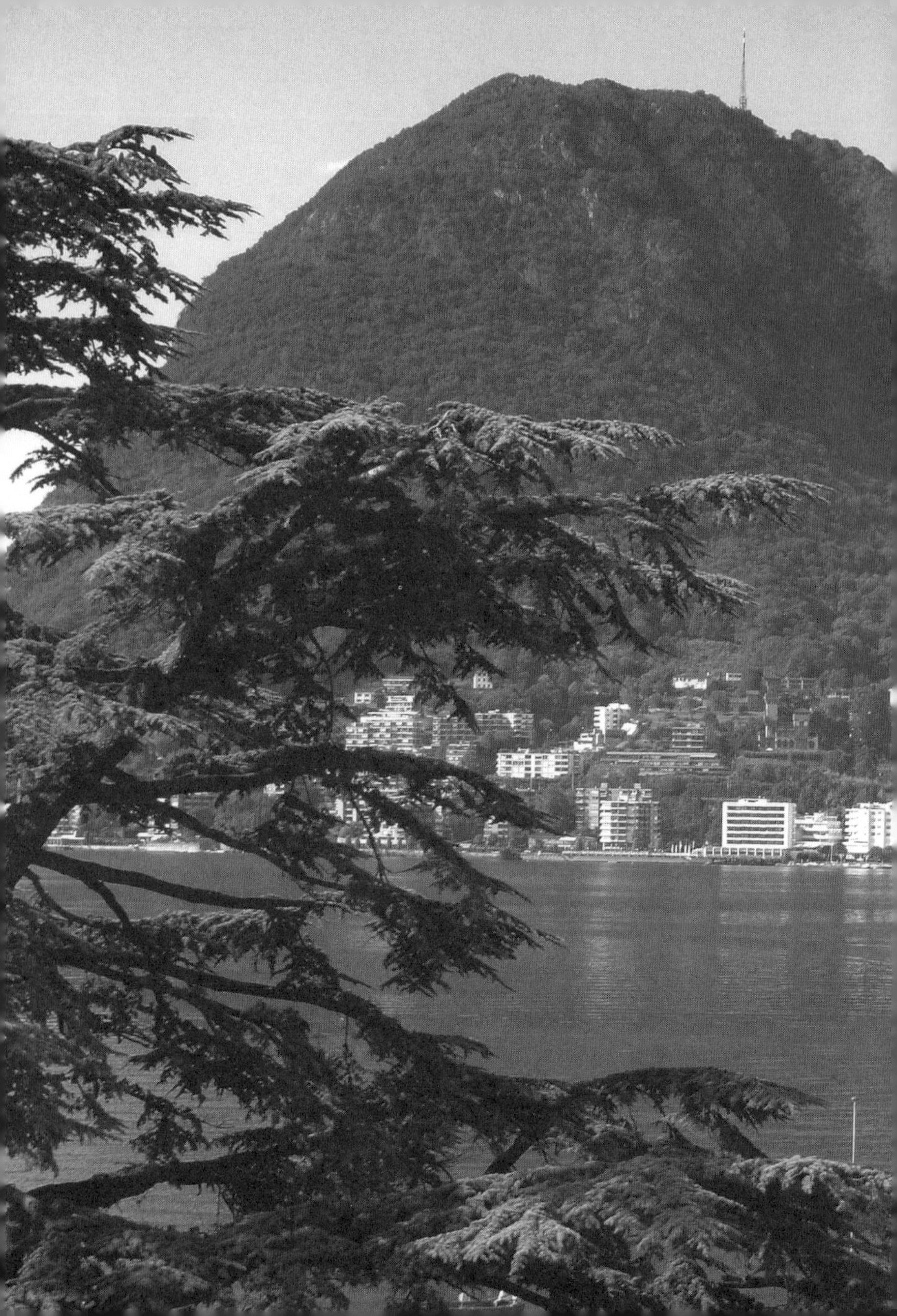